# baths
## & kitchens 2
INSIDE GLANCE

# baños
# & cocinas 2
## MIRADA AL INTERIOR

EDICIÓN

Fernando de Haro • Omar Fuentes

Editores / Publishers

Fernando de Haro • Omar Fuentes

Diseño y Producción Editorial / Editorial Design & Production

ARQUITECTOS
EDITORES
MEXICANOS

Dirección del Proyecto / Project Manager

Valeria Degregorio Vega
Tzacil Cervantes Ortega

Coordinación / Coordination

Susana Madrigal Gutiérrez
Edali P. Nuñez Daniel

Texto / Copywriter

ICO, S.C.

Traducción / Translation

Dave Galasso
Michelle Suderman
Lisa Heller

baños & cocinas 2, Mirada al interior
*baths & kitchens 2, Inside glance*

© 2004, Fernando de Haro y Omar Fuentes

**ISBN Español  970-9726-06-4**
ISBN Ingles  970-9726-07-2

Impreso en Hong Kong. *Printed in Hong Kong.*

AM Editores S.A. de C.V.
Paseo de los Tamarindos No. 400 B, suite 102, Col. Bosques de las Lomas, C.P. 05120, México, D.F. Tel.: 52(55) 52.58.02.79, Fax: 52(55) 52.58.05.56
ame@ameditores.com   www.ameditores.com

# contenido
## contents

# introducción

introduction

Con el presente volumen, hacemos a nuestros lectores la segunda entrega de Baños y Cocinas. Como en el primero de esta serie -y aunque en cuestión de baños parece predominar el minimalismo-, también se ha procurado incluir diseños y concepciones que responden a diversos gustos y tendencias. Todos, sin embargo, tienen algo en común, la sabia utilización de dos espacios que adquieren un papel cada día más protagónico en la vida cotidiana.

En los ejemplos que incluimos en cada uno de los capítulos se hace hincapié en tres divisas fundamentales: El Diseño, la Iluminación y la Función. Alrededor de estos tres ejes, arquitectos y diseñadores han concebido espacios sorprendentes. Cada uno de ellos aporta soluciones acertadas a necesidades y ambientes específicos.

Cada diseño y cada idea demuestra a su modo como es que, poco a poco, han entrado a la cocina y al baño nuevos estilos de decoración, texturas y materiales que provocan la imaginación y dan rienda suelta a la creatividad. Ambas, siempre al servicio de un objetivo: Lograr una respuesta que se traduzca en confort, en belleza y en funcionalidad.

*With this volume, we bring you the second in our attractive Baths & Kitchens series. As in the first book, we have included designs for all tastes. While minimalism seems to be the predominant style for bathrooms, all of the kitchens and baths have something in common: the intelligent use of two spaces that are central to our everyday lives.*

*The examples in each chapter focus on three key considerations: Design, Lighting and Function. Architects and designers have come up with amazing spatial solutions based on this vital trio, and each of them responds creatively to specific needs and settings.*

*Every design idea has its own way of showing how new decoration styles, textures and materials are being gradually introduced into kitchens and bathrooms, sparking the imagination and creativity. Used in an integrated, sensitive manner, these two later elements should achieve comfort, beauty and functionality.*

*Many of the illustrations in this book appear to be the work of a talented set designer who, with a clarity*

Con esta meta en mente, muchos de los ejemplos que encontrará en el presente volumen parecen diseñados por un talentoso escenógrafo que, con perfecta claridad sobre la función del espacio que le toca concebir, marca sus prioridades y va dando respuesta a cada una de ellas. Al final, se toma incluso la libertad de añadir un toque personal... único.

Cuando se trata de un baño, sabe perfectamente que este espacio se ha convertido en una de las estancias mimadas de la casa. Además de las clásicas funciones de aseo, se le ha ido confiando un papel mucho más complejo: El de ayudar a sus usuarios a liberarse de las tensiones.

En efecto, el baño se ha convertido en un refugio para la relajación y el buen arquitecto así lo ha comprendido. Por eso busca que, tanto su distribución como su equipamiento y decoración, no sólo estén bien pensados y resulten muy confortables, sino que –y esto es lo más importante– creen ambientes íntimos.

En el caso de la cocina pasa algo muy similar, al inclinarse por un diseño o preferir una distribución, sus usuarios eligen también un estilo de vida. De ahí la importancia de responder acertadamente a preguntas como: ¿Dónde instalar la zona de fuegos?, ¿de qué color elegir el mobiliario?, ¿con qué combinarlo?, ¿cómo lograr una separación funcional de las áreas de trabajo?, ¿cómo aprovechar hasta el último rincón?, ¿qué esperar de la

*of each space's function, establishes a hierarchy of priorities that leads to a unique end product. And once all that is taken care of, they even take the liberty of adding a personal touch.*

*When designing a bathroom, the architect is well aware that this space has turned into one of the pampered areas in the home. In addition to the basic purpose of maintaining personal hygiene, bathrooms are now being called upon to alleviate stress as well.*

*The bathroom has truly become a haven for relaxation, and good architects have embraced this concept. That is why they try to ensure that the room's spatial distribution, furnishings and decor are well adapted and comfortable. Yet even beyond that, an intimate atmosphere is the ultimate goal.*

*A similar phenomenon happens with the kitchen, since the choice of a design or particular layout says a lot about the owner's lifestyle. Which explains the importance of effective solutions to questions like: Where to put the cooking area...what color of appliances...how to use contrasting materials... how to functionally separate the work areas... how to make the most of the space...what to expect when combining glass and steel...how to make the most of the natural light... Correctly answering each one of these questions*

combinación del vidrio con el acero?, ¿cómo lograr un contraste o aprovechar al máximo una entrada de luz?... Las respuestas acertadas a cada una de estas interrogantes son la clave para lograr un espacio que se adapte como guante a las necesidades diarias, a las demandas de los hábitos cotidianos y también a las inclinaciones más personales.

Con estos criterios en mente, esta nueva entrega de Baños y Cocinas enriquece el catálogo de soluciones para dos espacios de vital importancia en el hogar. En ella pueden descubrirse buenos ejemplos de lo que puede hacerse para dar profundidad a un espacio, destacar una línea o resaltar una forma, lograr insólitas sensaciones visuales, establecer un contraste o sorprender con un baño de luz... pero sin perder de vista, jamás, la misión a cumplir cuando se concibe una cocina o un baño.

Como lo establecimos desde el principio, aquí también la seguridad y el sentido práctico continúan siendo dos poderosos señores que dictan la lógica de la distribución, la ubicación de los accesorios y la elección de materiales, y es a ellos a los que deben sujetarse concepciones estéticas, modas y gustos personales.

El éxito se da cuando se logran cubrir estos requisitos y, además, se concibe un espacio en el que se equilibran, con perfección, la belleza, la función y hasta los caprichos más descabellados.

*is the key to creating a space that meets our needs, habits and personal preferences.*

*Guided by these criteria, this latest volume of Baths and Kitchens offers a spectrum of solutions for two crucial areas in every home. It provides good examples of what can be done to give a space depth, highlight a line or make a shape stand out, achieve unexpected visual sensations, create a contrast or surprise with a cascade of light yet without sacrificing the central purpose of designing a good kitchen or bathroom.*

*As we have said from the start, safety and practicality are the primary design considerations that dictate the location of accessories and choice of materials. Aesthetics, trends and personal tastes are secondary, period.*

*Success is achieved not only when these requirements are met, but when a space obtains that precious balance of beauty, function and a healthy dose of personal whims.*

*Fernando de Haro ▪ Omar Fuentes*

diseño

design

Baños / Baths

En muchos hogares, el baño es ya una de las habitaciones mimadas de la casa. Además de las funciones de aseo, se le ha ido confiando un papel más complejo, como aliado en la liberación de las tensiones cotidianas. Por eso, las tendencias de diseño en éste, ahora rincón privilegiado, son hoy mucho más sofisticadas. Materiales; contrastes en tonos y texturas; las eternas exigencias de seguridad; y una gran variedad de novedades en lavamanos, recubrimientos, muebles, llaves y regaderas, permiten jugar con posibilidades que resultaban difíciles de imaginar en el pasado.

## imaginación sin fronteras
# limitless imagination

*In many cases, the bathroom has become the most overindulged room in the house. On top of its duties in terms of personal hygiene, it has taken on a much more complex role as an aid to liberating stress. For this reason, interior design in this privileged area of the house has become much more sophisticated. Materials, contrasting colors and textures, eternal safety considerations and a vast catalogue of new options for sinks, surface treatments, fixtures, faucets and showers allow us to play with many possibilities that we would have had a hard time imagining in the past.*

El acero y el cristal, perfectamente combinados, logran una sensación de transparencia en este baño con clara vocación minimalista... En este espacio, creador y cliente optaron por los contrastes, del granito negro absoluto en pisos y muros, con los blancos perfectos en el lavabo. Un perfil contemporáneo para quienes otorgan gran importancia a la función.

*The perfect combination of stainless steel and glass creates a sensation of transparency in this bathroom with clear minimalist tendencies. Both designer and client opted to emphasize contrasts in this space, from the black granite floors and walls to the pristine white sink. A contemporary look for those who are concerned with function above all else.*

Chrome lends a touch of elegance to any bathroom, especially when combined with pale colors in an open space. Rarely does one find a washbasin as original as this one, which could only be at home accompanied by the equally original marble slab counter, featuring the barest of personal touches. The contrast created with the dark wall is the very definition of a contemporary style that has opted for the always durable and refined parota wood and aluminum.

El cromo es un material siempre elegante en el baño; mucho más cuando se le combina con tonos claros y se buscan los espacios abiertos. Pocas veces puede apreciarse un lavabo tan original como el que aparece en la foto de esta página, y que sólo podría descansar sobre una también original plancha de mármol, apenas adornada con algún toque personal. El contraste con el muro oscuro define un franco estilo contemporáneo que ha optado por la parota y el aluminio, siempre duradero y siempre refinado.

Limpieza y precisión de líneas son, indudablemente, los rasgos distintivos de este gran diseño, concebido a base de un lavabo Woodline en madera de roble natural y un gabinete montado en la pared. Los azules y el afortunado amarillo aportan un toque único y difícilmente olvidable.

*A cleanness and precision of line are what define this beautiful design, which centers on a natural oak Woodline sink and a wall-mounted cabinet. The use of blue tones with a touch of yellow helps make this bathroom uniquely memorable.*

Clósets de vidrio laqueado en blanco, piso de mármol travertino y un

insólito cubo regadera construido a base de vidrio esmerilado, conforman

un diseño apropiado para grandes espacios. La madera, aunque utilizada

en sillas muy *sui géneris* y de exagerado toque modernista, aporta cierta

calidez al conjunto.

*White lacquered glass cupboards, a Travertine
marble floor and the unusual shower cube
constructed from emery-polished glass combine
to make the perfect design for a large space.
Wood accents taking the form of some extremely
modernist chairs add warmth to the room.*

La transparencia del cristal que encierra la regadera y la señoría de la línea recta otorgan a este espacio una gran personalidad. Por su parte, el contraste de color es el rey en un diseño en el que dominan el lavabo y la tina Spoon. En los contenedores superiores, las puertas de espejo acentúan el movimiento horizontal que se buscaba en esta composición.

*This space's strong personality derives from the glass shower stall and supremacy of the straight line. Color contrasts reign in a design dominated by the sink and the Spoon bathtub. Mirrored doors on the overhead cupboards accentuate the horizontal movement of this composition.*

*Buoyancy is the key in this design distinguished by the use of stainless steel. A near wall–to–wall mirror makes the room seem even larger and takes full advantage of the light. In this other option, where the straight lines of the washbasin exclude any possibility for rounded edges, space gains in sobriety without losing any of its other valuable attributes.*

Aquí, donde destaca el acero inoxidable, señorea la ligereza. Por si ello fuera poco, el gran espejo amplía aún más el espacio y potencia las bondades de la luz. En esta otra opción, donde se intercambian las líneas rectas del lavabo y se deja fuera toda posibilidad de redondez, el espacio gana sobriedad sin perder otros preciados atributos.

El cristal, el acero y la cerámica blanca parecen cómplices ideales cuando se trata de concebir baños con acentuados toques minimalistas y donde predominan los tonos neutros. Utilizar esta paleta para el diseño del baño suele derivar en piezas bien integradas, relajantes y muy cómodas para disfrutar del aseo personal.

*Glass, steel and white porcelain are the perfect match when it comes to a bathroom with strong minimalist tendencies and predominant neutral tones. The use of this color palette in a bathroom generally results in well-integrated fixtures and a relaxing, comfortable atmosphere in which to pamper oneself.*

Nada mejor que una disposición original para lavabos también poco comunes, que multiplican su efecto gracias a la gran calidez de los muros y las bases en tonos cafés. Por su parte, el protagonismo de los espejos y hermosas cubiertas en encino color chocolate destacan el perfil de los lavabos. Enmarcada por paredes de acogedor ambiente, se aprecian soluciones en las que despliegan su sobriedad el wengue y la caliza capri.

*Such unusual washbasins could only benefit from this original arrangement and from the warmth of the brown wall tones. The mirrors also play a key role here, while the cocoa-colored oak surfaces accentuate the lines of the washbasins. The vertical surfaces create a welcoming environment through a subdued treatment of wengue wood and Capri limestone.*

Este diseño contemporáneo ha sido pensado, indudablemente, para grandes espacios. Tejida con mármol crema, barandal de herrería y piel, y decorado con muebles Kohler, esta solución es digna del baño principal en una gran residencia.

*This contemporary design is clearly meant for large spaces. Featuring cream-colored marble, leather, metal railings and Kohler fixtures, this is an apt solution for the master bathroom of a grand home.*

A la izquierda, el juego de luces acentúa los encuentros de la línea recta con las curvas. Otro diseño contemporáneo y muy *ad hoc* para grandes espacios con tentaciones minimalistas. A la derecha, un gran espejo, la repisa de madera, el sabio uso del mármol travertino, y la combinación del lavabo de acero inoxidable con un grifo de corte clásico, conforman un espacio acogedor, propio para un baño muy personal.

*The play of lights on the left accentuates the encounter between straight and curved lines. This is another contemporary design, appropriate for large spaces with minimalist tendencies. On the right, a large mirror, a wooden shelf, the intelligent use of Travertine marble and the combination of a stainless steel sink with a classic faucet all combine to make this a comfortable space, ideal as a very personal bathroom.*

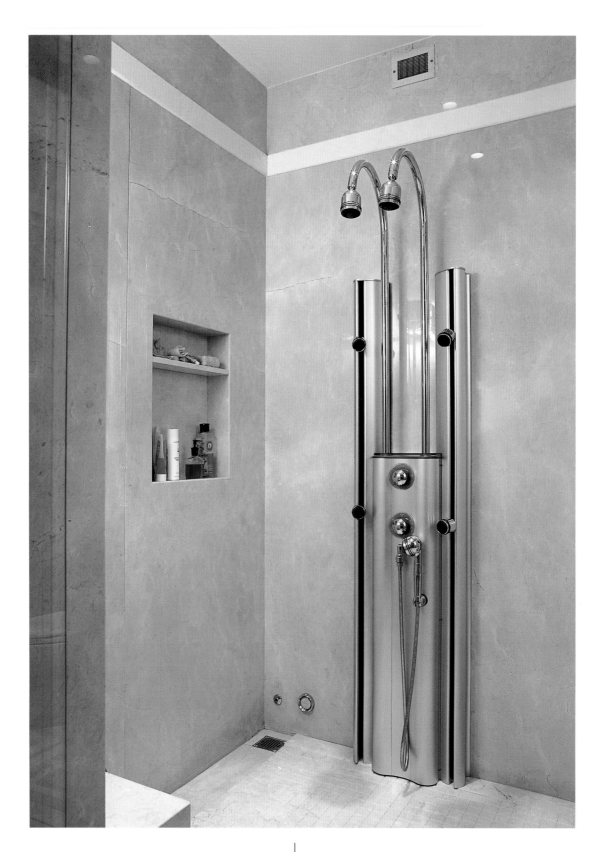

En ambas soluciones predominan las rectas, suavizadas por los colores claros y el juego de luces.

Dos acertadas respuestas para espacios amplios que generan atmósferas de tranquilidad. En una de

las fotos de esta página, la cama para masajes en perfecta armonía con el resto de los elementos y

materiales, es el lugar ideal para consentir cuerpo, mente y espíritu.

*Both options place the emphasis on straight lines, softened by pastel
colors and the handling of light. Two great ideas for creating a tranquil
environment in a large space. The massage table is in perfect harmony
with the other elements and materials, making it an idyllic retreat for
pampering the body, mind and spirit.*

Cocinas / Kitchens

Recuperar la cocina como espacio vital es importante para inyectar nuevas dimensiones a la dinámica familiar. Y así como el resto de la casa generalmente tiene una personalidad bien definida, la cocina ha ido adquiriendo una fuerte identidad que impone sus propias reglas.

De hecho, la cada vez mayor variedad y disponibilidad de materiales, muebles y aparatos electrodomésticos la ha convertido en una franca zona de creatividad en donde juegan armónicamente la función y la estética. En grandes espacios o áreas más reducidas, surgen diseños de vanguardia o de líneas clásicas, materiales fríos o sensuales al tacto... en fin, cualquiera que sea el estilo, este territorio ya tiene sello propio.

## identidad propia
# personal identity

*By reclaiming the kitchen as a living space, the family dynamic takes on an entirely new dimension. And, just as the rest of the house usually has a well-defined personality, the kitchen has gradually acquired a strong identity that imposes some rules of its own. In fact, a growing variety and availability of materials, furnishings and appliances has converted the kitchen into a creative zone where function and aesthetics coexist. In large or small spaces, we see both cutting-edge and more traditional designs, materials that are either cold or sensual to the touch. In short, whatever style you choose, this domestic territory will always have a very distinct personality.*

De estilo contemporáneo, este inmaculado espacio propicia la total integración de la cocina con el área destinada a la sala-comedor. Aquí, el color blanco –en contraste con el verde limón del fondo– tiene un papel fundamental, brillando lo mismo en los pisos de cemento pulido que en la elegante cubierta de corian de esta cocina.

*This immaculate, contemporary space offers a total integration of the kitchen with the living and dining room area. Here the use of the color white, in contrast with the lime green background, plays an essential role, reflecting off both the polished cement floors and the smooth Corian surfaces.*

The focal point of this design –which was envisioned as a large space– is dark oak cabinetry with stainless steel surfaces. The metal countertops visually integrate the continuity of the whole design, as emphasized by a very effective combination of colors and reflective surfaces.

La base de este diseño, concebido como un gran volumen, es un mueble de roble oscuro en el frente con acabados de acero inoxidable. Las entrecalles metálicas hacen que la continuidad de las líneas integre visualmente todo el conjunto, realzado por un acertado juego de colores, brillos y reflejos.

De corte definitivamente modernista, esta cocina es digna de una residencia con perfiles y decoración vanguardistas. La insólita plancha de cocción es el sueño del buen aficionado a la cocina, si no que lo diga el espacio reservado para librero en el muro del fondo.

*This kitchen with clearly modern tendencies is perfectly suited to a home with avant-garde architecture and decoration. The unusual cooking island is a dream for any amateur chef; not to mention the space it frees up for a bookcase on the far wall.*

Un diseño que aprovecha al máximo las proporciones alargadas de la superficie. El área de trabajo –empotrada en uno de los muros– permite tener todo a la mano y circular libremente. Entre los materiales destaca el cristal al ácido, cuyo uso aporta una luminosidad acentuada por el afortunado uso de azules.

*Here we have a design that takes full advantage of the long countertop. The work area –built into one of the walls– is positioned in a way that everything is close while allowing for freedom of movement. The use of acid glass provides the room with a luminosity that is emphasized by the palette of blues.*

Esta cocina, con amplia entrecalle entre el área del fregadero y la de cocción es seguramente un

territorio propicio a la creación culinaria. Las insinuantes transparencias del cristal templado

contribuyen a separar apenas el espacio del desayunador, aprovechando además el baño de luz que

proviene del gran ventanal.

*This kitchen features ample counter space between the sink and cooking*
*area, making it an ideal setting for culinary creation. The evocative*
*transparency of tempered sandblasted glass provides a minimal division*
*between the kitchen and the breakfast nook, while taking full advantage of*
*the natural light from the sizable window.*

En estas cocinas la iluminación se ha aliado sólidamente con el diseño, resaltando los reflejos y toda la belleza de los granitos, el metal y las maderas. También constituyen dos respuestas distintas y muy acertadas, en las que la sabia separación de los espacios de trabajo crea una sensación de comodidad a toda prueba.

*In these kitchens, lighting and design have joined forces so that the reflections and beauty of the granite, metal and wood are seen in their best light. These are two very different but effective options where the intelligent separation of workspaces adds to the feeling of comfort.*

Como en un escenario de película futurista, la cocina ejecuta un juego
espacial que rompe todos los esquemas. En una única y gruesa superficie
se crea una geometría de espacios para realizar con comodidad múltiples
funciones. A la derecha, un concepto con debilidad por los blancos y sus
francas complicidades con la luz, integra un comedor de líneas muy
simples que da una pincelada final a una composición limpia y armónica.

*With all the appearance of a set for some futuristic movie, this kitchen's spatial disposition breaks all the rules. On a single, thick surface, the geometrical arrangement of spaces allows for multitasking in utmost comfort. On the right, a weakness for white and its clear complicity with light is the element that integrates a dining room with very simple lines as the final touch to a clean, harmonious composition.*

Con la clara intención de integrar la cocina como elemento decorativo, se ha impuesto aquí un estilo "minimalista rústico". El franco predominio del acero inoxidable contrasta con el muro de ladrillo, el gran toque de equilibrio y calidez en este ambiente. La iluminación -a cargo de una lámpara de corte clásico- acentúa la intención.

*Here we see how a "minimalist rustic" style has been used with the obvious intention of turning the kitchen into an aesthetically pleasing space. The overwhelming predominance of stainless steel contrasts with the exposed brick to make this a warm, balanced environment. The lighting -in the form of a classically styled lamp- accentuates the effect.*

# lighting

## iluminación

Baños / Baths

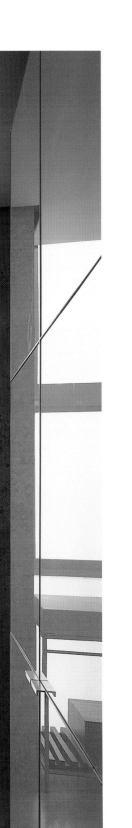

Los tonos neutros y los contrastes –como se verá en estas páginas– resultan siempre grandes aliados de los juegos de luz. Destacar un detalle, subrayar un rincón especial, iluminar la zona de aseo, crear verdaderos "baños de luz" para el disfrute del usuario... todo es posible porque, cuando se trata de jugar con fuentes de iluminación –naturales y artificiales, directas o indirectas–, el arquitecto o el diseñador se transforman en verdaderos escenógrafos, capaces de generar insólitas atmósferas.

creaciones de luz
# light creations

*As seen on these pages, neutral tones and color contrasts always work well with the play of light. Spotlighting details or emphasizing a special corner, illuminating the vanity, creating genuine "light baths" for the user's enjoyment all these are possibilities because when experimenting with light sources –whether natural or artificial, direct or indirect– the architect or interior designer become more of a stage designer, able to create any kind of atmosphere at will.*

En este baño vemos transparencias y tonos muy claros que potencian la obra de la luz, pensado para

quienes se inclinan siempre por una iluminación natural. No es nada sencillo decorar espacios grandes

sin que se vean desangelados o resulten fríos; por eso la utilización del siempre bien recibido azulejo

en todas sus paredes. Este diseño, si bien de corte minimalista y realizado a base de grandes

contrastes, es fiel reflejo de un estilo peculiar, que se impone por su belleza y luminosidad.

*Transparencies and pale colors take full advantage of natural light sources in a bathroom*
*designed for those who prefer this look. It is never an easy task to decorate a large space*
*without it seeming cold and impersonal. This can be avoided by tiling all the walls. While*
*this design is minimalist with an emphasis on contrast, it reflects a very personal style*
*characterized by its beauty and luminosity.*

El cedro rojo, el mármol y el acero se confabulan para cumplir una misión: Integrar el espacio con el exterior, capitalizando luz y naturaleza. En un espacio que privilegia la claridad, el piso de duela de jatoba otorga a las zonas húmedas un aire informal y relajado.

*Red cedar, marble and stainless steel work together to fulfill a mission: that of integrating an interior space with the exterior, capitalizing on the light and natural surroundings. This bathroom emphasizes brightness, and the jatoba wood floor gives the wet areas an informal, relaxed feeling.*

Respuestas claramente minimalistas, en ambas se apuesta por la transparencia y la separación de espacios. Para alcanzarlas, la luz juega sobre el mármol, el wengue y el marfil, en el caso de la solución que aparece arriba.

*Both of these minimalist designs emphasize transparency and a clear separation of spaces. Their success lies in the play of light on the marble, wengue wood and ivory.*

De nuevo bajo el señorío del minimalismo, la misión de la luz es construir una atmósfera de calidez que se logra con gran éxito. La extensión de los espacios queda a cargo de las superficies de espejo que, generosamente, prolongan el efecto de confort, favoreciendo simultáneamente la fusión de espacios y funciones.

*Once again within the realm of minimalism, the lighting objective is to create a warm atmosphere, and has done so with utmost success. The room is enlarged by the use of mirrors that generously extend that sensation of comfort, while facilitating the fusion of spaces and functions.*

A la izquierda: El azul proyectado por los efectos de luz es siempre un color afortunado para crear ambientes plenos de calma, que se acentúan en este baño gracias a la decoración y a la pureza de líneas... creando un recinto ideal para la relajación. Arriba el propósito es distinto. La disposición de la iluminación y los efectos logrados en muebles y paredes generan un verdadero "espacio de luz".

*On the left, the blue-toned lighting projects a color that is always favorable when trying to create a peaceful environment. In this bathroom, the sensation of tranquility is reinforced by the decoration and purity of line, creating an ideal space for relaxation.*
*The bathroom on this page has a very different objective. The way the lighting is deployed and the effects that are achieved on the fixtures and walls create a genuine light space.*

El azul, en maridaje con el mármol arabascato y el concreto, genera un espacio de contrastes. Las texturas, fuertemente marcadas, potencian los efectos de iluminación. A la derecha, el marfil y el wengue construyen un novedoso baño mexicano contemporáneo. Uno de sus detalles más afortunados está a cargo del lavabo y su sombra, cortesía de un juego de luces cálido y acertado.

*Blue exists alongside Arabascato marble and concrete to emphasize their contrasts. Exaggerated textures intensify the lighting effects. On the right, the use of ivory and wengue wood results in a very original contemporary Mexican bathroom. Take note of the sink and its shadow, an effect created by a warm, well-designed play of light.*

El ónix y la porcelana blanca son dos presencias constantes en la concepción de espacios de aseo particularmente durables y cálidos, muy indicados en el caso de baños de visitas. El lavamanos, de suaves y gruesas curvas, contribuye a lograr el objetivo. A la izquierda, un espacio casi teatral construido a base de madera y granito, con un toque natural y un dramático efecto de luz. Todo esto, al servicio de un concepto muy personal, destinado a los amantes de las nuevas tendencias.

*Onyx and white porcelain are two constants when designing for durability and attractiveness –just what we look for in a guest bathroom. The wide, gentle curves of the washbasin help to achieve this goal. On the left, an almost theatrical space made from wood and granite has a natural effect and dramatic lighting. All of this is geared toward realizing a very personal concept for those who prefer cutting–edge design.*

En este espacio, que declara como protagonista a la luz natural, los blancos y los cremas cumplen con una misión: Crear baños acogedores. Bajo la tiranía del bajo pedestal se crea un concepto en el que la calidez queda a cargo del juego de luz, tanto del tragaluz como de la ventana.

*In a space where natural light plays an important role, white and cream colors join efforts to create a warm, inviting environment in this bathroom dominated by a low pedestal. The light from the window and skylight has a warming effect.*

En esta ocasión, la paleta del arquitecto capitalizó las posibilidades estéticas del mosaico veneciano degradado, la madera de maple entintada y un gran espejo con marco *sandblast* para delinear un espacio cálido y sorpresivo, particularmente en el área de la regadera. La pincelada final queda a cargo de la luz, que crea un singular efecto impresionista.

*Here, the architect's palette capitalized on the aesthetic possibilities offered by distressed Venetian tile, stained maple and a large mirror with a sandblasted frame. The result is a space both inviting and surprising, especially in the shower area. The lighting provides the final brushstroke, with a uniquely impressionistic effect.*

Cocinas / Kitchens

La iluminación es un factor determinante para crear espacios cómodos y acogedores. Sea que provenga de fuentes naturales o artificiales, la luz cobra una importancia fundamental para realzar o marcar un perfil, hacerlo invitador o poco hospitalario, "encenderlo" o "apagarlo".

Y cuando se trata de la cocina, la iluminación no sólo juega un papel estético sino, sobre todo, funcional. En estos últimos tiempos, las posibilidades a la mano del arquitecto o del diseñador han crecido exponencialmente, convirtiendo a las diversas fuentes de luz en un elemento a tomar en cuenta al emprender el proyecto de esta área, esencial en cualquier hogar. No cabe duda, hoy en día la cocina acapara reflectores.

## intensidad natural
# natural intensity

*Lighting is a determining factor when creating comfortable spaces. Whether natural or artificial, light is essential for framing or highlighting an architectural element, for making a space inviting or inhospitable, or for altering the mood of a room. And when it comes to cooking, lighting not only plays an aesthetic role, but more importantly a functional one. The possibilities available to architects and interior designers in recent times have increased exponentially, turning light into a key element that must be carefully considered when approaching building or renovating the most essential room in any home. There s no doubt about it, kitchens are clearly stealing the spotlight these days.*

*In this design, which is clearly meant for a large space, the wall textures and bath of light provide an interesting theatrical effect further accentuated by the elegant wall of illuminated glass shelving. Wood, steel and touches of black create a strong personality for the room.*

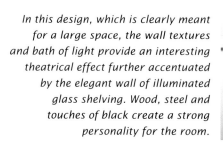

En este diseño, definitivamente ideado para un gran espacio, las texturas de los muros y el baño de luz que los recorre ofrecen un interesante juego escenográfico, acentuado por la pared de alacenas, elegante muro de cristal de luz. Maderas, aceros y perfiles negros protagonizan un espacio con indudable personalidad.

Esta cocina es un territorio de contrastes. Bajo el predominio de los blancos,

los oscuros de los bajos marcan las áreas de claridad. La semitransparencia

del panel que separa el desayunador tiene como misión transformar la

calidad de la luz que se cuela por el ventanal.

*This kitchen is a study in contrasts. With white as the*
*dominant color, the darker shades of the base cabinets*
*clearly define the different areas. The semitransparent glass*
*panel dividing the breakfast nook from the kitchen*
*transforms the quality of the light from the picture window.*

Granito, acero, aluminio laminado y el evidente predomino de madera maciza de sabino crean una cocina clásica y moderna al mismo tiempo. La bóveda de cañón aporta aún mayor calidez al espacio, generosamente iluminado por la luz que penetra por las troneras y su afortunado encuentro con el gran ventanal al jardín.

*Granite, stainless steel, aluminum laminate and the striking presence of solid sabino wood combine to create a kitchen that is at once classic and modern. The barrel vault ceiling gives the space an even warmer atmosphere, generously illuminated by the light entering through the porthole windows and the picture window onto the garden.*

Muebles con frentes de cerezo, cubierta y entrecalles de acero inoxidable dispuestos en impecable

geometría. Este cálido ambiente acentúa sus posibilidades gracias a la abundancia de superficies

reflejantes diseñadas con gran funcionalidad y a la luz natural que inunda cada rincón de esta habitación.

*Cherry wood cabinet faces together with stainless steel surfaces and*
*countertops, all arranged with impeccable geometry. The inherent potential*
*of this warm, inviting room is enhanced by its abundance of reflecting*
*surfaces that emphasize functionality and the natural light flooding every*
*corner of this room.*

Grandes ventanales, vigas de madera y la siempre generosa luminosidad del blanco configuran una cocina original, en donde el aire entre muebles y techo genera una agradable sensación de libertad.

*Large windows, exposed overhead beams and brilliant whites combine to create a truly original kitchen, where the air space between the furnishings and the ceiling produce a delightful sensation of freedom.*

# functionality
## funcionalidad

Baños / Baths

Indudablemente, en cualquier baño la gran tirana es la funcionalidad. Lograr que cada objeto, cada mueble y cada material desempeñen el papel que se espera de ellos es la divisa obligada en la concepción de un espacio destinado al aseo personal, a la intimidad absoluta, a la relajación y al consentimiento del cuerpo. Cumplir plenamente con esta misión y, además, crear atmósferas y espacios estéticos, cálidos e invitantes, son exigencias que van de la mano. Lograr una implica tener éxito en la otra...

## espacios para disfrutar

spaces to enjoy

*Clearly, the most important aspect of any bathroom is its functionality. When designing a space for personal hygiene, absolute intimacy, relaxation and pampering one s body, it is essential to ensure that each object, fixture and material play the part expected of it. Attaining this ideal while creating aesthetically pleasing atmospheres and spaces that are also warm and inviting is equally important. You have to fulfill one objective to be successful with the other.*

Esta solución ofrece un territorio de contrastes entre materiales y efectos de iluminación. Maderas

aparentes, cubiertas de granito, cristales y espejos en limpia geometría... todos ellos en complicidad

exitosa para lograr espacios al servicio de la función, ideales para compartir.

*This design solution contrasts materials and lighting effects. Plain wood,*
*wood covered with granite, glass, and mirrors with clean geometrical*
*lines  these and other elements work in complicity to create functional*
*spaces that are wonderful for sharing.*

Qué mejor, si se dispone del espacio suficiente, que idear un baño perfectamente integrado a la zona del vestidor. Claras zonas individuales, el cálido cobijo de la celosía del techo y maderas claras con abundantes compartimientos construyen un conjunto que se antoja para los amantes del orden.

*If there is enough space to pull it off, who would not want a bathroom that is perfectly integrated with the dressing area? Clearly marked spaces, a warm slatted wood ceiling and light-colored woodwork combine into a pleasing bathroom where neatness and order are central.*

La madera, el mármol y el cristal son, en esta acertada solución, los

protagonistas de un baño-vestidor pensado para grandes espacios. Aquí

también, la palabra compartir es la clave, confirmada no sólo por la función

de los cristales, que potencia aún más la amplitud del escenario, sino

también por la total independencia de las zonas húmedas.

*In this well-conceived design, wood, marble and
glass play a starring role in the construction of a
bathroom-dressing room that is perfect for large
spaces. Here, too, sharing is the key, as
corroborated by the glass that functions to
emphasize the spacious setting and to effectively
divide the wet areas from the rest of the room.*

En un estilo que su creador llama clásico abstraído -que combina a la perfección lo mejor de los muebles y elementos clásicos con las comodidades de la modernidad-, se construye un cuarto de baño en el que la divisa es la sutil división de los espacios para lograr una mayor funcionalidad.

*In a style which its creator has called "abstracted classic" -which achieves the perfect blend of classic elements with modern comforts and the finest quality fixtures- the catchphrase for this bathroom is optimum functionality through the subtle division of spaces.*

Llevan la batuta la luz y la claridad. De ahí el intencional juego de brillos y colores mate, luz y reflejos.

Contrastes logrados gracias al uso del mármol italiano arabascato, la madera de wengue y los espejos.

Suma de cualidades estéticas y nobles elementos, estos amplios espacios sugieren calidez, elegancia y

funcionalidad. La distribución de cada uno de los elementos lo convierte, indudablemente, en un lugar

cómodo con un estilo único y muy personal.

*Light is firmly in command here, hence the intentional play of gloss and matte surfaces, light and reflections. Contrasts are created by the use of Italian Arabascato marble, wengue wood and mirrors. The product of a combination of aesthetic qualities and classic elements, this spacious room suggests warmth, elegance and unequivocal functionality. The distribution of the furnishings makes this a comfortable setting with a unique, highly personal style.*

Este baño de inspiración moderna mexicana, concebido en madera de ciprés con insertos de tzalam

y cubierta de mármol, busca comunicar diferentes percepciones de luz y calidez al tacto. Su zona de

lavabos (página contigua) confirma estos mensajes.

*This modern Mexican bathroom, which combines cypress wood with*
*Caribbean walnut inlays and marble surfaces, communicates new*
*concepts of light and warmth. The sink area (opposite page) confirms*
*these messages.*

Un aire ligeramente oriental y elegante define un espacio funcional y a todas luces cómodo. Los muros y el piso de mármol travertino; la cubierta de encino americano entintado; la decoración y el efecto multiplicador del gran espejo rectangular... cada elemento se ha introducido para confirmar el confort y el manejo acertado del espacio.

*Elegance with a hint of the Orient is what defines this functional, comfortable bathroom. Each element –the Travertine marble walls and floor, stained American oak surfaces and expansive rectangular mirror– has been included to optimize the comfort and effective management of the space.*

Cocinas / Kitchens

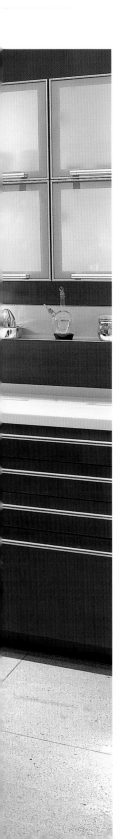

En una cocina bien resuelta, la belleza y el diseño son los esclavos de la función. La disposición de elementos, la delimitación del área de cocción, el aprovechamiento de la luz, la selección de materiales... cada decisión resulta crítica para lograr respuestas acertadas. En estos espacios, la seguridad es otra tirana difícil de complacer. Satisfacerla implica la toma de una decisión crucial: Una distribución que facilite e invite al trabajo, que asegure comodidad a toda prueba, que prevenga cualquier contingencia, y que capitalice cada esquina sin dejar de aprovechar ningún rincón.

## belleza con espíritu práctico
# beauty with a practical spirit

*Beauty and design are slaves to function in a well-planned kitchen. The arrangement of different elements, the delimitation of the cooking area, the maximum exploitation of light, the choice of materials every decision is critical to the final result. In these spaces, safety is key factor that may impose some obstacles. Satisfying safety requirements means deciding on a distribution that facilitates and even invites work while ensuring comfort, avoiding dangerous situations and capitalizing on every square inch of space.*

Aún cuando se disponga de pocos metros, el buen arquitecto suele ser sabio en la distribución de espacios. Este diseño, creado para espacios alargados y un poco estrechos potencia sus posibilidades con el plafón de luz en el techo, y el pleno aprovechamiento de bajos y estantes.

*Even when the available space is limited, a good architect can achieve an intelligent distribution of the elements. This design was created for a long, somewhat narrow space, and maximizes its promise by including a recessed overhead ceiling light and taking full advantage of base cabinets and shelving.*

Sencillez y elegancia parecen haber sido las divisas en la ejecución de estas

dos soluciones, que favorecen la integración de espacios afines,

aprovechando las texturas y la calidez que siempre acompañan a las

maderas. Los detalles en acero otorgan a estos espacios un toque de

modernidad a prueba del tiempo.

*Simplicity and elegance are the catchwords of these*
*two designs. Each nicely integrates different spaces with*
*similar functions while making good use of the textures*
*and warmth provided by wood. Steel accents provide*
*these kitchens with a modern yet timeless touch.*

Las cocinas más prácticas son aquellas que pueden integrar el desayunador,

sin que ello afecte la circulación en las áreas de trabajo. Esta solución

proporciona una respuesta práctica, funcional y, además, estética.

Los blancos no sólo ofrecen un espléndido contraste con el acero, también

dividen visualmente los espacios.

*The most practical kitchens are those that provide
for a breakfast area without affecting circulation
around the work areas. This design is a practical,
efficient, aesthetic solution to this problem. White
contrasts magnificently with steel, while
simultaneously dividing the spaces.*

Las tendencias actuales apuestan por diseños como éste, donde la sobriedad y las formas depuradas son la máxima con la que se construye una cocina práctica y funcional. Dos cualidades acentuadas por la total independencia entre la zona de cocción y la de aguas.

*Current trends lean toward this type of subdued design, not too busy, perfect for a practical, efficient kitchen. These qualities are underscored by the total independence between the cooking area and wet area.*

This open kitchen without walls, hidden behind large panels of light-colored wood, offers a fresh new concept for those who view the kitchen as an aesthetic extension of rest of the home. The bath of light provided by the large window underlines this vision.

Esta cocina abierta sin paredes y oculta tras grandes paneles de madera clara, ofrece un concepto novedoso para quien busca convertirla en objeto decorativo y parte del mobiliario del resto de la casa. El gran ventanal y su baño de luz ratifican la intención.

En este escenario todo está dispuesto para dibujar un concepto mexicano,

muy contemporáneo, a base de maderas cálidas como el maple, en

complicidad con la eterna practicidad del mármol. Por su parte, la

disposición y el diseño del extractor impone el toque de originalidad.

*In this kitchen, the stage is set for creating a very*
*contemporary Mexican concept based on warm woods,*
*such as maple, in combination with the eternal practicality*
*of marble. The placement and design of the smoke*
*extractor provide a touch of originality.*

En estos espacios se ha jugado con la mezcla de materiales –maderas y acero en el primer caso; granito y formaica en el segundo– para construir ambientes armónicos que favorecen una sensación de orden y comodidad. La solución de la derecha es, además, ideal para quienes se inclinan por las simetrías.

*These spaces play with a combination of different materials –wood and steel in the first case, granite and formica in the second– creating harmonious environments with a sensation of order and comfort. The design on the right tends to appeal to those who prefer symmetrical arrangements.*

Metales, maderas y tonos claros, vanguardia y elegantes superficies
reflejantes diseñan dos espacios culinarios muy funcionales. Ambos han
optado por la isla central, que ahorra desplazamientos innecesarios y
proporciona una amplia área de almacenaje.

Metal, wood, bright colors and elegant, modern reflective surfaces define what are two highly efficient culinary spaces. Both have opted for a central island, which is a good way to avoid unnecessary movement while providing extra storage space.

Maderas de maple, granitos y mármoles esculpen espacios que multiplican
su amplitud y capitalizan la luz que penetra por los grandes ventanales,
otorgando a estas cocinas una sensación de comodidad que se comprueba
con el uso cotidiano.

*Maple, granite and marble enrich the sense of*
*spaciousness and capitalize on the light coming*
*from the large windows, making these kitchens*
*a comfortable setting for everyday use.*

Los contrastes suelen ser un excelente aliado en la delimitación de espacios. En estos casos es importante definir las zonas oscuras, cuidar los acabados y utilizar sabiamente los colores claros; todo ello, para no perder los beneficios de la luz, ya sea que provenga de fuentes naturales o artificiales, directas o indirectas.

*Contrasts tend to be very effective to delineate spaces. In these examples it is important to define the dark areas, ensure the finishes are impeccable and use bright colors intelligently to avoid squandering the benefits of the light, whether it be natural or artificial, direct or indirect.*

¡Calidez, calidez, calidez! Este parece el grito de esta cocineta coronada por vigas y tejida a base de encino natural, tabique oyamel, carrara y encino. Muy propia de una casa tipo Valle de Bravo.

*This kitchenette exudes warmth from every nook and cranny. Crowned by solid wood beams, the rest is a nice use of natural holm oak, oyamel wood, bricks, Carrara marble and more holm oak –a typical look for summer homes in Mexico's Valle de Bravo.*

**Hajj Design Less**

PiACERE®

cocinas y baños italianos

AM Editores agradece el apoyo y las facilidades brindadas por Piacere y Hajj Design Less para la realización de este libro, en los apartados de cocinas y algunos baños.

*AM Editores is grateful to Piacere and Hajj Design Less for their contribution and support, particularly on the kitchen section and certain bathrooms.*

www.piacere.com.mx       www.hajjdesignless.com

índice

index

Se terminó de imprimir en el mes de Septiembre del 2004 en Hong Kong. El cuidado de edición estuvo a cargo de AM Editores S.A. de C.V.